BEI GRIN MACHT SICH IHR
WISSEN BEZAHLT

Stefan Landfried

Assignment Preispolitik. Methoden der Preisgestaltung

GRIN Verlag

Bibliografische Information der Deutschen Nationalbibliothek:

Die Deutsche Bibliothek verzeichnet diese Publikation in der Deutschen National-
bibliografie; detaillierte bibliografische Daten sind im Internet über http://dnb.d-
nb.de/ abrufbar.

Dieses Werk sowie alle darin enthaltenen einzelnen Beiträge und Abbildungen
sind urheberrechtlich geschützt. Jede Verwertung, die nicht ausdrücklich vom
Urheberrechtsschutz zugelassen ist, bedarf der vorherigen Zustimmung des Verla-
ges. Das gilt insbesondere für Vervielfältigungen, Bearbeitungen, Übersetzungen,
Mikroverfilmungen, Auswertungen durch Datenbanken und für die Einspeicherung
und Verarbeitung in elektronische Systeme. Alle Rechte, auch die des auszugsweisen
Nachdrucks, der fotomechanischen Wiedergabe (einschließlich Mikrokopie) sowie
der Auswertung durch Datenbanken oder ähnliche Einrichtungen, vorbehalten.

Impressum:

Copyright © 2013 GRIN Verlag GmbH
Druck und Bindung: Books on Demand GmbH, Norderstedt Germany
ISBN: 978-3-656-57446-0

Dieses Buch bei GRIN:

http://www.grin.com/de/e-book/266695/assignment-preispolitik-methoden-der-
preisgestaltung

GRIN - Your knowledge has value

Der GRIN Verlag publiziert seit 1998 wissenschaftliche Arbeiten von Studenten, Hochschullehrern und anderen Akademikern als eBook und gedrucktes Buch. Die Verlagswebsite www.grin.com ist die ideale Plattform zur Veröffentlichung von Hausarbeiten, Abschlussarbeiten, wissenschaftlichen Aufsätzen, Dissertationen und Fachbüchern.

Besuchen Sie uns im Internet:

http://www.grin.com/

http://www.facebook.com/grincom

http://www.twitter.com/grin_com

AKAD Hochschule Leipzig

Studiengang zum Diplom-Kaufmann (FH)

Assignment

- Preispolitik -

zum Seminar BWL09 vom 27.09.2013 in München

Inhaltsverzeichnis:

I. Einleitung

Wie soll ein Unternehmen den Wert für sein Produkt oder seine Leistung ermitteln? Diese Frage ist von großer Bedeutung und hier kommt die Preispolitik zum tragen. Die Preispolitik ist einer der vier klassischen Methoden des Marketing Mix neben der Produktpolitik, der Distributionspolitik und der Kommunikationspolitik. Durch sie ergibt und begründet sich die Verkaufspreisgestaltung, welche ein wichtiger Bestandteil für jedes Unternehmen, ob produzierendes Gewerbe oder im Dienstleistungssektor, ist.

II. Definition der Preispolitik

Der Bereich der Preispolitik umfasst alle Maßnahmen, welche den Preis beeinflussen bzw. bestimmen. In der betrieblichen Preispolitik, ist ein wichtiger Bestandteil, die Festsetzung des Absatzpreises für ein Produkt, Gut oder einer Dienstleistung (siehe Abbildung 1.1). Der „richtige" Preis dient der Gewinnoptimierung bzw. Gewinnmaximierung. Mit der preispolitischen Entscheidung werden Abhängigkeiten, wie das Kaufverhalten der Kunden, die Maßnahmen der Konkurrenz und der Qualitätsmaßstab beeinflusst[1] und können durch Marketingmaßnahmen zusätzlich gesteuert werden.

Abbildung 1.1
Preispolitik
(Quelle: Gabler Wirtschaftslexikon)

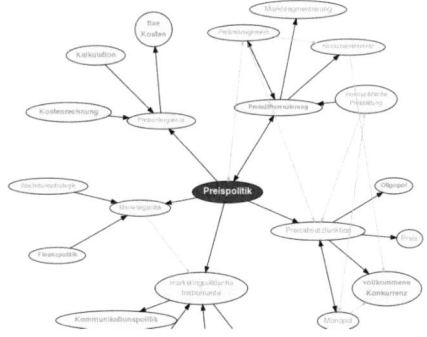

---

[1] Vgl. Hans Jung, „Allgemeine Betriebswirtschaftslehre" (2006), S. 630, Oldenbourg Verlag.

III. Ziel

Im Rahmen dieser Arbeit sollen im ersten Schritt, ein wesentlicher Teil der Preispolitik, nämlich die Methoden zur Preisgestaltung, beschrieben werden. Darauf bezieht sich der Unternehmenserfolg, denn mit dem falschen Preis, gibt es entweder einen geringen bis zu keinem Absatz oder die Güter werden mit Verlust abgesetzt. Im dem letzen Abschnitt wird die Auswirkung der Preispreispolitik unseres Unternehmens U3, innerhalb der sechs Geschäftsperioden, im Vergleich mit den drei Konkurrenzunternehmen untersucht und daraus die entstandenen Folgen am Absatzmarkt und Unternehmenserfolge (Periodenüberschuss) begründet werden. Als Basis für die Ermittlung der Auswirkung der Preisgestaltung , dienen hier die Geschäftsberichte und Ausgangszenarien der einzelnen Perioden, des Planspiel „TOPSIM - Business Development Anlagenbau" (BLW09) vom September/Oktober 2013 in München und der virtuellen Bearbeitung über den Planspielzeitraums mit der Software Topsim.

III. Methoden der Preisdifferenzierung

Den richtigen Preis für ein Produkt zu definieren bzw. zu ermitteln, ist für den späteren Absatz ein wichtiger Punkt und ein Erfolgskriterium. Die Preisbildung kann je nach Marktposition des Unternehmens eine Auswirkung auf die Konkurrenz haben (Preisführerschaft). Ausserdem kann hier als Marketingstrategie, schnell etwas geändert werden (z.b. Preissenkung) und somit der Verkauf bei einem rückläufigen Markt, oft wieder angekurbelt werden kann. Dies zeigt die Bedeutung der „richtigen" Preisermittlung und dessen Abhängigkeiten.

Die Preisgestaltung kann auf drei Arten festgesetzt werden. Hier finden sich die Methoden der kostenorientierten, konkurrenzorientierten oder kundenorientierten Preisgestaltung. In Reinform kommen diese in der Praxis eher selten vor, da diese alleinstehend inflexibel sind und eine einseitige Betrachtungsweise haben und den Anforderungen am Markt nicht vollumfängliche gerecht werden können. Es fehlt die Betrachtung des gesamten Absatzmarktes und den verschiedenen Abhängigkeiten, wie die Konkurrenz und die Nachfrage, sowie der Anspruch der Kunden. Aus diesem Grund werden in der Regel Mischformen der verschiedenen Preisgestaltungsmethoden verwendet. Diese Mischformen beruhen dann auf der aktuelle Marktsituation des Unternehmens. Auf Basis dieser kann z.b. eine Preisober- oder Preisuntergrenze festgelegt werden. Die Marktsituation beinhaltet die Nachfrage der Kunden, die Stellung des eigenen Unternehmen am Markt und die Maßnahmen der Konkurrenten.

i. Kostenorientierte Preisgestaltung

Die kostenorientierte Preisgestaltung beruht auf den Herstellkosten (bestehend aus Fixkostenanteil und variablen Kosten) und dem geforderten Gewinn bzw. Gewinnspanne, welcher durch den Absatz eines Produktes erzielt werden soll (Zuschlagsverfahren). Eine Methode hierfür, ist die Kostenträgerrechnung, welches die Selbstkosten in Herkunft und Höhe ermittelt. Die kostenorientierte Preisgestaltung ist stark abhängig von den Absatzzahlen. Wenn diese falsch angesetzt werden, können die Einkaufspreise von Materialien, sowie Kapazitätsauslastung von Maschinen und Personal nicht korrekt angefragt und berechnet werden. Der optimale Absatzwert, bzw. der Punkt ab welchem Gewinn erwirtschaftet wird, kann mit Hilfe des Break-even-points errechnet werden, wofür aber zuerst die Selbstkosten und Gewinnerwartung, und somit der Verkaufspreis ermittelt werden muss.

Als weiteres Instrument, aber als Mischform, kann das Target Costing (Zielkostenrechnung), welches aber auch als Controllinginstrument Verwendung findet, eingesetzt werden. Hier berechnet man nicht nur die entstehenden Kosten, sondern ermittelt den maximal möglichen Absatzpreis. Diese Methode ist eine Mischform aus der kostenorientierten und absatzorientierten Preisgestaltung, wodurch der Nachteil der rein kostenorientierten Preisgestaltung, die fehlende Betrachtung der Marktentwicklung, bereinigt wird.

ii. Konkurrenzorientierte Preisgestaltung

Die konkurrenzorientierte Preisgestaltung findet Anwendung im Oligopol und Polypol. Im Monopol entfällt diese Gestaltungsform, aufgrund der fehlenden Konkurrenten. Denn hier hat die Preisfestsetzung eine Abhängigkeit von den Absatzpreisen der Konkurrenten am Markt. Der Preis wird in Abhängigkeit zu den Preisen der Wettbewerber gesetzt, welche die direkte Konkurrenz für das Unternehmen bilden. Wichtig ist, dass die betrachteten Unternehmen von der Qualität und Quantität des Gutes mit dem eigenen Gut nahezu übereinstimmt. Ansonsten verfälscht es die Festsetzung und verfehlt die Absatzwirkung. Zusätzlich müssen die Reaktionen der Anbieter gleicher Produkte ebenfalls mit betrachtet werden, sind aber nicht Hauptausschlaggebend, wie bei den unmittelbaren Konkurrenten. Ein zu niedrig angesetzter Preis kann eine hohe Qualität verdecken, weil der Kunde bei einem „Ramschpreis" nicht von einem höheren Qualitätsniveau ausgeht.

Wichtig ist die Berücksichtigung der Deckungsbeitragrechnung, da sonst der Vergleich der Herstellkosten zu den Absatzpreis fehlt und somit ein Verlustrisiko besteht.[2] Denn in dieser Betrachtungsweise fehlt die Rückkopplung zu den eigenen Selbstkosten und der Gewinnerwartung, welche von Unternehmen zu Unternehmen unterschiedlich sein können, aufgrund von unterschiedlichen Materialeinkaufspreisen, Stundensätzen des Personals oder Fertigungstechniken.

---

[2] Vgl. Anna Holzner, „Nutzenorientiertes Pricing von Messeleistungen" (2005), Seiten 16-17, 1. Auflage, Deutscher Universitäts-Verlag

iii. Kundenorientierte Preisgestaltung

Wie der Name „Kundenorientierte Preisgestaltung" schon aussagt, hängt hier die Preisfestsetzung von den Kunden und somit von dem Preis, welcher der Kunde am Markt zu zahlen bereit ist, ab. Durch den Preis wird die Nachfrage nach einem Gut oder einer Dienstleistung gesteuert.

Bei dieser Methode spielt die Preiselastizität der Nachfrage eine wichtige Rolle.[3] Dieses ist die Kennziffer für die Reaktion der Nachfrage, auf die die Preisentwicklung, bzw. sagt aus, welche Preisspanne ein Kunde bereit ist, für ein Produkt zu zahlen, bevor er entweder darauf verzichtet oder sich um eine andere Alternative bemüht. Die Preiselastizität ist bei jeder Produktgruppe unterschiedlich, so können Produkte in der Luxusklasse (z.b. eine Uhr der Marke Rolex) eine andere Preiselastizität haben, als Produkte des alltäglichen Lebens (z.B. Lebensmittel, ein Computer). Die Ermittlung der Beziehung, zwischen Preis; Produkt; und Zahlungsbereitschaft des Konsumenten ist eher Aufwendig, aufgrund der ungenauen Datengrundlagen. Hierfür orientiert man sich an Erfahrungswerte ähnlicher Produkte welche sich im eigenen Angebot befinden oder befanden, oder durch eine empirische Datenerhebung zur Kaufbereitschaft und der Preisvorstellung der Kunden (z.B. durch ein Institut für Marktforschung). Ein weiteres Kriterium ist die Preisabsatzfunktion, welche das Verhältnis vom Preis zum Absatz zeigt. Siehe Abbildung 1.2.[4]

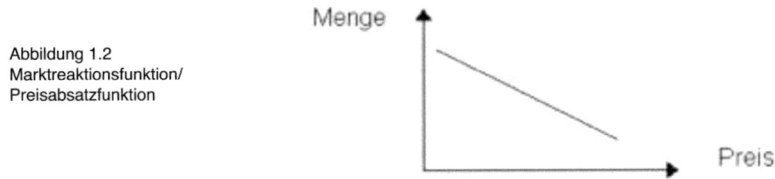

Abbildung 1.2
Marktreaktionsfunktion/
Preisabsatzfunktion

---

[3] Vgl. Mussnig/Mödritscher, „Strategien entwickeln und umsetzen" (2013) Seite 469, 2. Auflage, Linde Verlag

[4] Vgl. Hermann Diller, „Preispolitik" (2008), Seite 76, 4. Auflage, Kohlhammer GmbH Stuttgart

Diese lineare Funktion sagt aus, dass mit steigendem Preis, die Nachfrage zurückgehen wird und umgekehrt. Eine Proportionalität beider Größen zueinander, wie in der Abbildung 1.2 dargestellt, ist nur eine Möglichkeitsform dieser Funktion und hängt ebenfalls von der Wettbewerbs- und Marktsituation ab.

V. Preispolitik im Unternehmensplanspiel (BWL09)

Dieses Kapitel bezieht sich auf die Auswirkungen und Ergebnisse des Planspiels, über die gesamten sechs Spielrunden, mit dem interaktiven Planspielprogramm Topsim des Anbieters TATA Interactive Systems GmbH[5]. Die Betrachtung der Abhängigkeit von Preis zum Absatz, erfolgt anhand dem inländischen- & Wachstumsmarkt im Bereich Flurförderzeuge. Der Bereich Service am Heimatmarkt, Wachstumsmarkt und die gesamten Projekte werden hier außen vor gelassen.

Nachfolgend die Preis- und Absatzentwicklung im Bereich Flurförderzeuge am Heimat- und Wachstumsmarkt für alle vier Unternehmen, welche teilgenommen haben[6]:

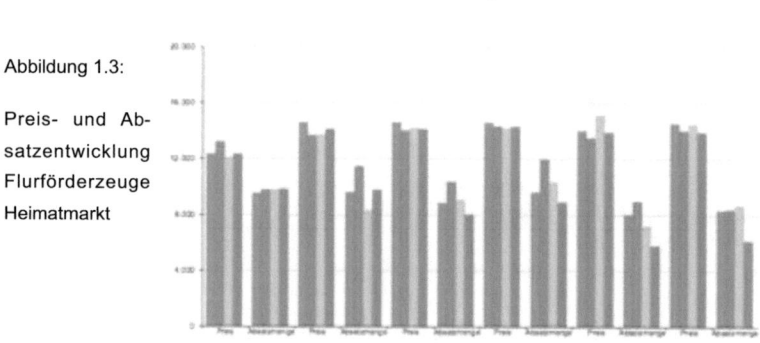

Abbildung 1.3:

Preis- und Absatzentwicklung Flurförderzeuge Heimatmarkt

---

[5] TATA Interactive Systems GmbH (2013): TOPSIM - Business Development,

[6] TATA Interactive Systems GmbH (2013): TOPSIM - Business Development, Geschäftsberichte der Perioden 1 - 6 des Planspiels

Im Bereich des Absatzmarkts der Flurförderzeuge, lag das Unternehmen 2, in Führung. Wie in dem oben gezeigten Diagramm ersichtlich ist, hat diese Unternehmensgruppe hier in den meisten fällen den niedrigsten Preis, zusätzlich den höchsten Technologieindex, welches als Qualitätsbestandteil von den Flurförderzeugen, der Absatzentwicklung unterstützend beistanden. Durch diese hohen Absatzzahlen und dem entsprechenden Strategien, konnte ebenfalls der höchste Periodenüberschuss erzielt werden. Ein Defizit war in Periode 3 erkennbar. Hier kam es zu einem Einbruch der Nachfrage am Gesamtmarkt, wegen dem Absatzrückgang. Bei dieser schwierigen Marktsituation wurde von den Kunden Wert auf die Nachhaltigkeit gesetzt und somit auf die Eigenschaften des Produktes. Hier konnte das Unternehmen 3, trotz eines höheren Preises, den zweit besten Absatz erzielen. Im weiteren Verlauf konnte das Unternehmen 3 sich im oberen Mittelfeld bei dem Periodenüberschuss halten, durch eine Preisstrategie, welche sich aus der konkurrenz- und kostenorientierten Preisgestaltung resultierte. Einsparungen im Einkauf sowie der Produktion wurden in Absatzfördernde Maßnahmen, sowie in Anpassung des Preises weitergegeben. Dem Unternehmen 4 brach trotz laufenden Preisanpassungen, aufgrund der angekündigten Absatzprobleme bei dem Feature der „erzwungenen Standardisierung" und dem niedrigen Technologieindex, der Absatz und Periodenüberschuss immer mehr ein. Das erste Unternehmen hat in 2/3 der Planspielzeit den höchsten Verkaufspreis, welches geringe Umsätze mit sich brachte. Hier fehlte die Anpassung an die Konkurrenz in der Preisgestaltung und Anpassung an die Produktweiterentwicklung, sowie Verbesserung. Hier lag der Periodenüberschuss am niedrigsten.

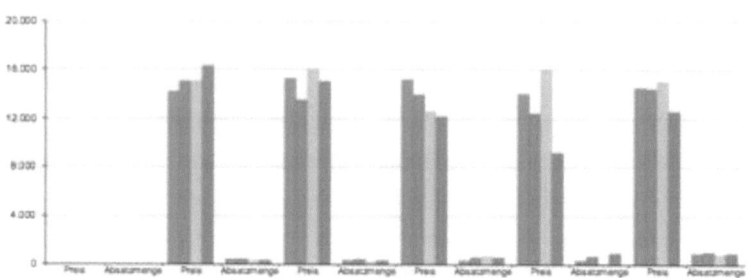

Die Preis und Absatzentwicklung am Wachstumsmarkt spielte für den Periodenüberschuss ebenfalls eine wichtige Rolle. Es handelt sich um einen ei-
genständigen Markt mit eigener Marktentwicklung und Ansprüchen der Kunden. Die Erfolgreichste Erschließung der Wachstumsmärkte wurden durch
die Unternehmen 1 und 2 erzielt. Im Unternehmen 3 wurden explizite Maßnahmen für eine Absatzsteigerung erst ab der vierten Periode eingeleitet
(Anpassung der Preise an die Konkurrenz, Werbemaßnahmen), welche aber
bis zur sechsten Periode schnell wieder verpufften, zum einen weil es in der
Periode 5 zu einem Umrechnungsfehler kam und somit der Preis extrem ü-
ber den Durchschnittspreis ging. Auf Basis dieser Erfahrung, gehe ich von
einem Umrechnungsfehler in die entgegengesetzte Richtung in Periode 5 bei
dem Unternehmen 4 aus. Hier wurde der Verkaufspreis unter die Selbskos-
ten gesetzt, wodurch zwar der höchste Absatz erzielt wurde, aber den Gewinn und somit den Periodenüberschuss schmälerte, welcher in den negati-
ven Bereich abrutschte.

In der Betrachtung der Abhängigkeit von Preis zum Absatz, sieht man am
Wachstumsmarkt stärkere Abhängigkeiten als es am Heimatmarkt ersichtlich
war. Somit wäre hier der Einsatz der konkurrenzorientierten Preisbildung er-
folgsversprechend gewesen.

Anhand des Periodenüberschusses wird noch einmal ersichtlich, dass die Strategie des Unternehmens zwei den größten Erfolg erbrachte, welche auch den Gesamtsieg erlangten.

Abbildung 1.5: Periodenüberschuss in (T) €

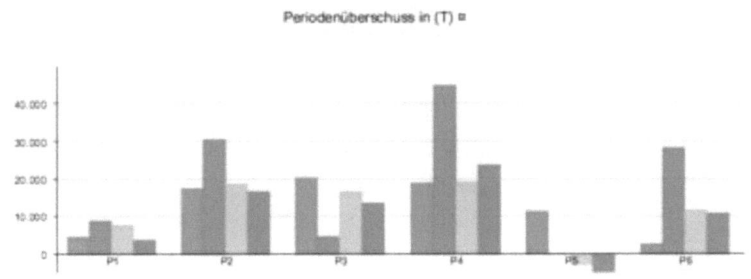

Periodenüberschuss in (T) =

VI. Fazit

In dieser Arbeit wurde eingehend der Bereich Preispolitik bezugnehmend auf dessen Einfluss und Auswirkung auf den Absatz grob analysiert und die wichtigsten Methoden der Preisgestaltung skizziert. Eine ausführliche Bearbeitung dieses Themengebietes ist aufgrund der Komplexität und dem hohen Umfang in dieser Arbeit nicht möglich, dennoch wurde hier ein grundlegender Überblick zu diesem Thema herausgearbeitet.

Bezugnehmend auf die Preisgestaltungsmethoden wurde gezeigt, dass diese alleinstehend nicht 100%ig zielführend funktionieren, aufgrund der Einseitigkeit, fehlenden Flexibilität und Marktanpassung. Dies führt zu der Schlussfolgerung, dass eine Mischform und somit das einbeziehen der verschiedenen Faktoren zielführender ist.

Anhand der oben gezeigten Preispolitik im Planspiel und den Marktentwicklungen der einzelnen Perioden, wird ersichtlich, dass die Absatzmenge nicht nur von der Preisgestaltung abhängt. Der Preis kann die Verkaufszahlen stark beeinflussen, in beide Richtungen, aber es sind weitere Abhängigkeiten vorhanden, welche den Kaufanreiz bzw. die Kaufentscheidung des Kunden beeinflussen. In dieser Simulation von Geschäftsvorfällen in sechs Planungsperioden wird gezeigt, dass als weitere Einflussgröße der Technologieindex und somit die Qualität, Nachhaltigkeit, Features und die aktuelle Marktsituation bzw. Wirtschaftslage weitere Entscheidungsfaktoren darstellen. Dies kann anhand des Unternehmen 2 deutlich dargestellt werden. Hier liegt über dem gesamten Verlauf der Technologieindix von allen Unternehmen am höchsten, parallel dazu waren die Absatzzahlen der Flurförderzeuge in vier Perioden die höchsten und zweimal im Mittelfeld. Die Preisfestsetzung des Unternehmen 2 war durchwachsen von günstigster Anbieter bis hin zu dem teuersten Anbieter in diesem Verkaufssegment. Bei Preisen über dem Marktdurchschnitt unterstützen diese Bereiche dahingehend, dass der Absatz gegenüber der Konkurrenz nicht vollkommen wegbricht. Als Gegenpart ist z.B. das Unternehmen 4, im Bereich Flurförderzeuge zu sehen. Die alleinige Preisanpassung hat den erwarteten Verkaufserfolg am Heimatmarkt, nicht mit sich gebracht, im Gegensatz zum Wachstumsmarkt, welcher eine Preisabhängigkeit zeigte.

VII. Literaturnachweis

Hans Jung, „Allgemeine Betriebswirtschaftslehre" (2006), S. 630, 10. Auflage, Oldenbourg Verlag

Anna Holzner, „Nutzenorientiertes Pricing von Messeleistungen" (2005), Seiten 16-17, 1. Auflage, Deutscher Universitäts-Verlag

Abbildung 1.1: Gabler Wirtschaftslexikon; Springer Gabler Verlag (Herausgeber), Gabler Wirtschaftslexikon, Stichwort: Preispolitik, online im Internet: http://wirtschaftslexikon.gabler.de/Definition/preispolitik.html?extGraphKwId=6222

Mussnig/Mödritscher, „Strategien entwickeln und umsetzen" (2013) Seite 469, 2. Auflage, Linde Verlag

Hermann Diller, „Preispolitik" (2008), Seite 76, 4. Auflage, Kohlhammer GmbH Stuttgart

TATA Interactive Systems GmbH (2013): TOPSIM - Business Development, Geschäftsberichte der Perioden 1 - 6 des Planspiels (Daten liegen in Dateiform aktuell noch Lokal vor)

TATA Interactive Systems GmbH (2013): TOPSIM - Business Development, (http://akad.topsim.com/index.php?id=home)